SUR LE QUAI

Alain GRAS

Éditions ART ET COMÉDIE
3, rue de Marivaux
75002 PARIS

NOTE SUR L'AUTEUR

Alain Gras fait des études à Avignon puis pratique le théâtre universitaire à Marseille en intervenant particulièrement en milieu carcéral.

Il participe à la création de la troupe La Cour des Affamés qui joue *Caligula* d'Albert Camus au Festival OFF d'Avignon en 1979.

Après diverses expériences de comédien, il aborde l'écriture dramatique.

Il fonde la compagnie L'Instant du Théâtre à l'occasion de la création au Festival OFF d'Avignon 1998 de l'une de ses pièces, *Le Voyage de Noël*, mise en scène par Paul Anrieu.

Depuis, plusieurs de ses textes sont montés tant par des compagnies amateurs que professionnelles dans toute la France et notamment au Festival OFF d'Avignon.

À ce jour, il est l'auteur d'une quinzaine de pièces dont certaines sont traduites en provençal, espagnol et persan.

En mars 2014, *Sur le quai* a été lue à la radio cubaine dans le cadre de la première semaine des auteurs francophones vivants.

PERSONNAGES

ZIP

ZAP

L'HOMME
(voix off ou peut être interprété par un comédien)

DÉCOR

Le quai d'un port.

Bruit de mer, de vagues, cris de mouettes.
Deux clowns entrent. Ils ne sont pas forcément habillés et maquillés en clowns, mais certains détails montrent que ce sont des clowns.
Ils vont droit au public avec beaucoup de détermination et s'arrêtent net au bord de la scène.
Ils regardent vers le public, comme s'ils regardaient la mer.

ZAP. – Le… le… le… le bateau.

ZIP. – Le bateau !

ZAP. – Il… il est… il est parti.

ZIP . – Il est parti !

ZAP. – Où est-il ?

ZIP . – Il n'est plus là.

ZAP. – Où ils l'ont mis ? Y a que la mer sans bateau. C'est pas possible.

ZIP. – Si, regarde.

Ils regardent le public. La tristesse puis l'effroi se lisent sur leurs visages.

Zap. – C'est vide, il n'y a personne.

Zip. – Complètement vide. Plus personne. Je t'ai dit de te dépêcher.

Zap. – Il faut longtemps pour venir au port.

Zip. – Je t'ai dit de te dépêcher, mais tu mets du temps.

Zap. – J'y arrive pas.

Zip. – Tu n'y arrives jamais.

Zap. – Il y a trop de choses, alors je n'y arrive pas.

Zip. – Tu emportes trop de choses, tu n'as pas besoin de toutes ces choses.

Zap. – Si, j'en ai besoin. J'ai besoin de tout pour y arriver.

Zip. – Mais tu n'y arrives jamais. À cause de toi, le bateau il est parti.

Zap. – De toute façon, il part toujours.

Zip. – Oui, mais cette fois avec nous dessus. Si tu n'avais pas mis tout ce temps pour fermer ta valise…

Zap. – J'ai besoin de tout.

Zip. – On n'a jamais besoin de tout.

Zap. – Moi, oui.

Zip. – Peut-être que le bateau va revenir.

Zap. – Ah oui ! Il reviendrait et on monterait dessus.

Zip. – Allons, ne dis pas de bêtises, il ne reviendra pas.

Zap. – Qu'est-ce qu'on va devenir ? J'ai peur.

Zip. – Il ne faut pas avoir peur.

Zap. – J'ai peur. Qu'est-ce qu'on va faire maintenant ?

Zip. – On ne peut pas rentrer à la maison.

Zap. – Non, maintenant que j'ai fait ma valise, je ne peux pas la rouvrir.

Zip. – On ne peut pas leur dire qu'on a raté le bateau.

Zap. – Ils vont se moquer de nous. Ils se moquent toujours de nous.

Zip. – Nous ne pouvons pas retourner là-bas, pas comme ça. Et puis de l'autre côté de la mer, ils nous attendent.

Zap. – Pour se moquer de nous ?

Zip. – Non, de l'autre côté de la mer, il y a une autre terre où on ne se moquera plus.

Zap. – Les enfants ne nous donneront plus de coups ?

Zip. – Non, les enfants riront et ils nous aimeront. De l'autre côté de la mer, il y a des pistes éclairées sous des chapiteaux de toutes les couleurs, de la belle musique. Nous serons au milieu de la piste et ils nous aimeront chaque soir, chaque soir, ils nous aimeront.

Zap. – J'ai peur.

Zip. – De quoi as-tu peur ?

Zap. – Qu'ils m'aiment.

Noir.

Ils sont assis sur leurs valises.

ZAP, *regardant le public*. – C'est grand la mer. Où elles vont les mouettes ?

ZIP. – Je ne sais pas.

ZAP. – Elles vont de l'autre côté de la mer ?

ZIP. – Non, l'autre côté c'est très loin.

ZAP. – Mais ici c'est aussi l'autre côté.

ZIP. – Qu'est-ce que tu racontes ? C'est pas déjà l'autre côté.

ZAP. – Ici, c'est l'autre côté pour ceux qui vivent dans l'autre l'autre côté.

ZIP. – Non, là-bas c'est pas pareil qu'ici, c'est pour ça que c'est là-bas.

ZAP. – Pourquoi c'est pas pareil ?

ZIP. – Je te dis que c'est pas pareil.

ZAP. – La mer elle est comment quand on est là-bas ?

Zip. – Je ne sais pas, j'y suis jamais allé.

Zap. – Mais alors comment tu sais ce qu'il y a de l'autre côté si tu n'y es jamais allé ?

Zip. – Je le sais

Zap. – Ah bon. *(Un silence.)* J'ai faim.

Zip. – Moi aussi.

Zap. – Tu as quelque chose à manger ?

Zip. – Non.

Zap. – Si, tu as une banane, je l'ai vue.

Zip. – La banane on ne peut pas la manger.

Zap. – Pourquoi ?

Zip. – Parce qu'elle fait partie du spectacle.

Zap. – Mais on n'est pas au spectacle et j'ai faim.

Zip. – La banane, je la pèle, je la mange, je jette la peau par terre, tu glisses dessus et tu tombes.

Zap. – Alors c'est toi qui vas la manger.

Zip. – Non, c'est pour de faux, c'est le spectacle.

Zap. – Si on partageait la banane pour de vrai ?

Zip. – Mais si on mange la banane pour de vrai, c'est plus du spectacle.

Zap. – Ça ne fait rien.

Zip. – Si, ça fait beaucoup. Avec le spectacle, on gagnera de l'argent et on s'achètera à manger.

Zap. – Mais puisqu'on a la banane…

Zip. – Je te rappelle que nous allons là-bas pour présenter le spectacle et, sans la banane, il n'y a plus de spectacle et les enfants ne riront pas.

Zap. – J'aime pas quand les enfants rient. Toi, tu fais plein de choses pour qu'ils rient : tu cries, tu cours, tu me donnes des coups de pied, et eux ils ne rient pas. Tant mieux, parce que j'aime pas quand ils rient. Ça me fait peur.

Zip. – Tu as toujours peur.

Zap. – Non, le soir, dans mon lit, sous ma couverture, j'ai plus peur. Où allons-nous dormir ce soir ?

Zip. – Nous verrons.

Zap. – On va dormir ici ? Il n'y a personne.

Entre un homme, ou une voix répond.

H. – Non, personne.

Zap. – Monsieur, où est le bateau ?

H. – Quel bateau ?

Zap. – Celui qui traverse la mer.

H. – Ils traversent tous la mer.

Zip. – Celui qui mène de l'autre côté.

H. – Il est parti.

Zip. – Il va revenir ?

H. – Oui, dans un mois.

Zip et Zap. – Dans un mois !

Zip. – Mais c'est pas possible ! Là-bas, ils nous attendent.

H. – Vous avez des parents là-bas ?

Zap. – Non, c'est les enfants qui nous attendent.

H. – Vous avez des enfants là-bas ?

Zip. – Oui, nous en avons beaucoup. Ils attendent notre venue, chaque soir ils vont attendre et nous n'y serons pas.

Zap. – C'est triste… Je suis triste.

H. – Vous pouvez leur envoyer un télégramme pour les prévenir, un fax ou un message électronique : « Arrivons par prochain bateau. Stop. Bises. Stop. Papa. Stop. »

Zip. – C'est impossible.

H. – Pourquoi ?

Zip. – Ils sont trop nombreux.

Zap. – Et puis nous ne sommes pas leurs pères.

H. – Mais qui êtes-vous ?

Zip. – Je suis Zip.

Zap. – Je suis Zap.

Zip. – Zip et Zap.

H. – Mais c'est des noms de clowns ça ! Vous êtes des clowns !

Ils font oui de la tête, comme gênés par cette vérité.
L'homme éclate de rire.

Zip, *avec fierté.* – Oui, nous sommes des clowns, nous sommes deux clowns.

Zap. – Deux clowns qui vous font rire.

L'homme interrompt soudain son rire, comme pris en faute.

H, *l'air grave.* – Vous ne pouvez pas rester là.

Zip. – Pourquoi ?

H. – Parce que c'est interdit. Personne ne doit se trouver sur le quai quand il n'y a pas de bateau.

Zap. – Mais nous ne voulons pas rester là, nous voulons aller de l'autre côté. *(Il montre le public.)* Ils nous attendent.

Zip. – Un énorme succès nous attend, ils vont rire comme ils n'ont jamais ri.

H. – Il faut circuler. Le règlement stipule que si aucun bateau n'est à quai, aucun homme ne doit s'y trouver, personne.

Zap. – Même pas des clowns ?

H, *embarrassé.* – Je ne sais pas si le règlement a prévu ce cas, il faut que je vérifie. *(Il sort.)*

Zap. – J'ai peur. Cet homme il est méchant.

Zip. – Mais non.

Zap. – Si, il a la voix d'une grande personne et le rire d'un enfant. Il est méchant. J'ai envie de partir.

Zip, *avec douceur.* – Moi aussi j'ai envie de partir, tu sais.

Zap. – Redis-moi comment c'est là-bas, j'aurai moins peur.

Zip. – Il fait chaud et ça sent l'eucalyptus. Le soir, il fait doux, les gens mettent de beaux habits, les femmes ont de belles robes avec des pois blancs, elles sentent bon, les hommes sont bien coiffés et tout le monde s'installe au bord de la piste. La musique commence et nous entrons, chaque soir nous entrons et alors ils applaudissent… Chaque soir nous entrons et ils applaudissent.

Zap. – Et les enfants ?

Zip. – Les enfants tiennent la main de leurs parents et dans leurs yeux je vois plein de lumières…

Zap. – Tu y es déjà allé ?

Zip. – Non.

Zap. – Alors comment tu sais que les robes elles ont des pois blancs et qu'ils applaudissent ?

Zip. – Parce que je les ai vus dans mes rêves.

Zap. – Et il y aura nos noms sur les affiches ?

Zip. – Oui, des affiches immenses à l'entrée des villes et nos noms dessus. Chaque lettre c'est des ampoules qui clignotent dans le noir.

ZIP

ZAP

ZIP

ZAP

Zap. – ZIP / ZAP / ZIP / ZAP.

Zip. – ZIP / ZAP / ZIP / ZAP.

Ils sont comme hypnotisés.

Zap. – ZIP / ZAP / ZIP / ZAP.

Zip. – Arrête, il faut partir.

Zap. – ZAP / ZIP / ZAP / ZIP / ZAP / ZIP.

Zip. – Arrête, je te dis qu'il faut partir.

Zap. – Pour aller où ?

Zip. – Je ne sais pas, mais on ne peut pas rester là.

Zap. – La mer elle reste là.

Zip. – Non, pas toujours.

Zap. – Tu veux dire qu'elle s'en va ?

Zip. – Non, mais elle se retire.

Zap. – Je ne comprends pas.

Zip. – Tu ne comprends jamais rien. Je vais téléphoner. *(Il sort un téléphone.)* Allô ! Allô ! Monsieur l'agent…

Zap. – Tu appelles la police ?

Zip. – Mais non, notre agent.

Zap. – Quel agent ?

Zip. – Celui qui s'occupe de nous là-bas, qui nous fait connaître partout, qui s'occupe de tout.

Zap. – Il s'occupe de tout, alors c'est lui qui éclaire les lumières sur la piste et sur les affiches.

Zip. – Oui, c'est lui qui les éclaire.

Zap. – Alors il est gentil.

Zip. – Je ne sais pas.

Zap. – Il faut savoir avant d'y aller. Comment est son rire ?

Zip. – Mais tout est arrangé, nous allons traverser la mer et le rejoindre. Il a tout prévu pour nous, tout prévu.

Zap. – Même là où on va dormir ?

Zip. – Oui.

Zap. – Et quand est-ce qu'on mange ?

Zip. – Oui.

Zap. – Et des bananes ?

Zip. – Oui, beaucoup de bananes.

Zap. – Des bananes pour de vrai ?

Zip. – Pour de vrai, tout pour de vrai.

Zap. – Alors appelle-le.

Zip compose un numéro de téléphone très long.

Zip. – Allô ! Allô ! Monsieur l'agent… Monsieur l'Ange… C'est Zip, vous m'entendez, monsieur le Toi-Puissant ?… Vous êtes là ?… Allô ! Allô ! Répondez ! Allô !…

Il raccroche.

Zap. – Qu'est-ce qu'il t'a dit ?

ZIP. – Rien.

ZAP. – Comment, rien ?

ZIP. – Non, rien, il n'a pas décroché. Il n'a pas dû entendre la sonnerie, sa maison est très grande.

ZAP. – Peut-être il dort.

ZIP. – Oui, c'est ça, il dort… il est en train de dormir, il répondra plus tard, plus tard il nous répondra, c'est sûr.

ZAP. – Il faut qu'il se repose, il est fatigué d'avoir ramassé toutes les bananes.

ZIP. – Arrête un peu avec tes bananes, on n'est pas des singes.

ZAP. – Non, on est des clowns.

Ils se regardent, étonnés de ce qu'ils viennent de dire.
Un temps pendant lequel ils regardent autour d'eux, comme
gênés par la présence de l'autre, par leur propre présence…

ZIP. – Il y a longtemps qu'on n'a plus joué.

ZAP. – Combien de temps ?

ZIP. – Des mois, des années peut-être. Je ne me souviens plus de la dernière fois que nous avons joué.

ZAP. – Il y a longtemps. Je ne me souviens pas que nous ayons joué un jour.

ZIP. – Il faut répéter, nous allons répéter.

ZAP. – Tu veux toujours répéter.

ZIP. – Toi, tu ne veux jamais.

Z**ap**. – Ça ne sert à rien.

Z**ip**. – Si, ça sert.

Z**ap**. – On répète, on répète et… on ne joue jamais. Ils ne veulent pas de nous. Je crois qu'on leur fait peur.

Z**ip**. – Qu'est-ce que tu racontes ?

Z**ap**. – Ils ne veulent pas de nous, on leur fait peur. On ne joue jamais devant des gens parce qu'ils ont peur.

Z**ip**. – C'est normal, les clowns nous faisons toujours peur et c'est pour ça que nous les faisons rire. Plus ils ont peur, plus ils rient.

Z**ap**. – Comment le sais-tu ? Tu n'as jamais joué devant eux. Toujours en répétition sans personne.

Z**ip**. – Je le sais qu'ils rient quand ils ont peur.

Z**ap**. – Comment tu le sais ?

Z**ip**. – Je l'ai rêvé.

Noir.

Zip dort, assis, la tête sur sa valise.
Zap mange une banane puis il jette la peau sur le sol près de
Zip qui se réveille, se lève, regarde la peau de banane et passe
à côté.

ZIP. – Je te rappelle que c'est toi qui glisses sur la peau de banane, pas moi. Il faudrait que tu apprennes mieux ton rôle.

ZAP. – On pourrait changer de rôle de temps en temps.

ZIP. – Non, il faut le répéter ce passage.

ZAP. – Encore ?

ZIP. – Oui, ta chute n'est pas bien au point, elle ne fait pas naturelle.

ZAP. – Je l'ai refaite quatre-vingts fois, j'ai plein de bleus sur les jambes à cause des répétitions qui ne servent à rien.

ZIP. – Tu vas recommencer, il faut de l'exigence dans ce travail, le métier de clowns est très exigeant. Sinon on fait de l'à-peu-près et alors ça ne va pas, un clown ne peut pas faire de l'à-peu-près, surtout pour une chute.

ZAP. – J'ai toujours était très consciencieux dans mes chutes.

Zɪᴘ. – Consciencieux, oui, mais exigeant ?

Zᴀᴘ. – Et toi ?

Zɪᴘ. – Moi, j'ai répété au moins quarante fois le jet de la peau de banane.

Zᴀᴘ. – Quand ça ?

Zɪᴘ. – La nuit. Quand tu dors la nuit, je répète.

Zᴀᴘ. – Où tu répètes ?

Zɪᴘ. – Dans la salle de bains, pour ne pas te réveiller.

Zᴀᴘ. – Mais la nuit je ne dors pas. J'écoute tous les bruits dans la maison et je n'ai jamais entendu le bruit que fait une peau de banane qui atterrit sur le carrelage de la salle de bains.

Zɪᴘ. – Moi, monsieur, je suis un professionnel, je n'arrête pas de travailler mon rôle.

Zᴀᴘ. – Moi aussi, même quand je dors, et je ne dors pas.

Zɪᴘ. – Je ne suis pas comme ces clowns amateurs qu'on appelle pour aller s'exhiber sur des estrades minables lors de goûters dans des salles polyvalentes. Je n'ai jamais accepté ça, jamais, tu entends, et je t'interdis d'accepter de pareilles propositions qui déshonorent notre métier, le si beau métier de clowns. N'accepte jamais ça.

Zᴀᴘ. – Personne ne nous propose jamais rien.

Zɪᴘ. – C'est mieux ainsi : pas de tentations, pas d'abaissement de notre art.

Zᴀᴘ. – On n'entend plus les mouettes, elles sont parties…

Zip. – Elles dorment peut-être.

Zap. – Et si on jouait ici en attendant que le bateau revienne ?

Zip. – Ici ?

Zap. – Oui, sur le quai.

Zip. – Mais il n'y a personne !

Zap. – Peut-être que quand on joue, les gens arrivent.

Zip. – Tu rêves.

Zap. – Toi aussi tu rêves et tu vois de belles choses dans tes rêves, pourquoi moi mon rêve il ne deviendrait pas vrai ? Essayons.

Zip. – Mais il faut une piste, des gradins pour les spectateurs, des lumières et de la musique.

Zap. – On fait comme si ça y était. Regarde le projecteur bleu, là. Et puis ici le blanc qui nous entoure le visage.

« Bonjour, monsieur le chef d'orchestre… Ah bon, la trompette est malade ce soir ? Ça ne fait rien, ça va très bien se passer…

Entre, petit, n'aie pas peur. Tu viens voir les clowns ?… Oui, c'est ici, ils vont jouer ici tout à l'heure… Bien sûr que tes parents peuvent entrer, c'est pas interdit aux parents, et tes copains aussi, va les chercher…

Bonsoir, madame. Quelle élégance ! Cette robe à pois vous va à ravir…

Bonsoir, monsieur. Belle soirée, n'est-ce pas ? Cette brise marine est très agréable… Je vous en prie, installez-vous, ça va commencer dans un instant… Oui, des clowns merveilleux, très drôles, très poétiques, jamais vulgaires, c'est exquis, vous verrez…

Vous avez pu avoir des places, au dernier moment, c'est vrai ? Vous avez beaucoup de chance d'être ici ce soir et vous aussi, messieurs-dames et les petits enfants, vous avez beaucoup de chance qu'ils jouent ce soir sur le quai du port de votre ville. »

Zip. – Arrête.

Zap. – « Ne vous inquiétez pas, ça lui prend parfois, à moins que le spectacle n'ait déjà commencé, on ne sait jamais avec ces clowns, c'est toujours plein de surprises… C'est exquis, vous allez voir, c'est exquis… Maestro, vous pouvez envoyer la musique ! »

Zip. – Je te dis d'arrêter ! Assez !

Zap. – « Ne faites pas attention, messieurs-dames et les petits enfants, il est un peu nerveux, comme tous les grands artistes, une sensibilité à fleur de peau… Exquis, un talent prodigieux, mais un peu nerveux. »

Zip. – Je ne suis pas nerveux.

Zap. – « Si, si, il l'est, il ne veut pas se l'avouer mais il l'est, comme tous les comédiens avant le lever du rideau quand la salle est pleine comme ce soir et que le public est de cette qualité. » Tout va bien se passer, détends-toi, je sens que nous allons faire un succès énorme, un triomphe même. Ça y est, les lumières s'allument, c'est le signal, c'est à nous. Merde.

Zip. – Merde. *(Ils sont tous les deux immobiles face au public.)* J'ai peur.

Zap. – Tu n'as jamais peur.

ZIP. – Ce soir, j'ai peur.

ZAP. – Mais tu vois bien qu'il n'y a personne !

ZIP. – Et si quelqu'un venait et nous voyait faire nos pitreries ?

ZAP. – Eh bien, il rirait.

ZIP. – Et s'il ne rit pas ? Tes chutes, mes nuits dans la salle de bains, tout ça pour qu'il ne rie pas. J'ai peur que quelqu'un arrive. S'il arrive, je n'y arriverai pas.

ZAP. – C'est pour chacun d'eux que nous jouons.

ZIP. – S'il y a quelqu'un, je ne pourrai pas.

ZAP. – Mais les répétitions… Pense à toutes les répétitions depuis des années.

ZIP. – Les répétitions c'est pour de faux, mais si un soir il y a quelqu'un alors c'est pour de vrai et je n'y arriverai pas, Zap, je ne m'en sens pas capable.

ZAP. – Moi, je sais que tu peux. Depuis des années je te vois travailler, nous nous exerçons, je sais ce dont tu es capable. Aie confiance, ils viennent pour toi.

ZIP. – Et toi, tu n'as pas peur ?

ZAP. – Oui, mais quand ils seront là, je serai bien. Et chaque soir ce sera une naissance.

ZIP. – Et chaque soir à la fin tu mourras.

ZAP. – Oui, je naîtrai et je mourrai devant eux et certains soirs avec eux.

Zip. – C'est pour ça que j'ai peur.

Zap. – Nous ne risquons rien, nous avons le nez rouge qui nous protège. Nous mourons pour de faux. Et nous naissons pour de vrai. Qu'est-ce que tu faisais, Zip, avant ta naissance ?

Zip. – Avant ma naissance ?

Zap. – Oui, avant de mettre le nez, avant d'être clown.

Zip. – Mais j'ai toujours été clown !

Zap. – Tu n'as pas été ingénieur, aviateur ou garçon d'honneur ?

Zip. – Et pourquoi pas briseur de cœurs, mendiant de bonheur, marchand de douleur ou inventeur de réacteurs ? Non, non et non, rien de tout ça. J'étais, je suis et je serai clown, tu entends ? Et rien d'autre. D'ailleurs, je ne sais rien faire d'autre.

Zap. – Moi, avant ma naissance, je ne me souviens pas. Parfois j'ai des images qui me reviennent : des enfants qui descendent un grand escalier, une odeur de mandarine que l'on vient d'éplucher, la honte de ce que l'on vient de dire, puis plus rien.

Zip. – Il ne faut pas avoir honte. La honte c'est notre ennemi à nous les clowns. Peur oui, honte jamais.

Zap. – Je ne me souviens pas d'avant, j'aimerais me souvenir pourquoi je pleurais souvent… Maintenant je ne pleure plus, mais parfois je suis triste.

L'homme entre.

H. – Vous êtes encore là ? Je vous ai dit de partir.

Zip. – Si on part, on risque de rater encore le bateau quand il va revenir.

H. – Il revient dans longtemps, et puis ce n'est pas sûr qu'il accoste à ce quai. Ils ont construit un nouveau port.

Zip. – Où est le nouveau port ?

Zap. – Il est au bord de la mer ?

H. – Plus loin, toujours plus loin, vers le nord, il y a le nouveau port.

Zip. – Nous ne savons pas y aller. Vous nous conduirez ?

H. – Non, j'attends le bateau ici.

Zap. – Vous aussi vous attendez le bateau ?

H. – Ne posez pas de questions. Vous devez partir. Ici, c'est une zone portuaire réservée. Le public n'y a pas accès sauf pour embarquer ou débarquer.

Zap. – Qu'est-ce qu'on peut bien faire d'autre sur un quai ?

H. – Ne posez pas de questions.

Zip. – Qu'est-ce que ça veut dire « réservé » ?

H. – Interdit au public.

Zap. – C'est comme les coulisses au théâtre.

Zip. – Mais nous ne sommes pas le public, nous sommes les artistes.

H. – Ici, vous êtes le public.

Zip. – Non. Quand on est artiste, on l'est tout le temps. Je comprends que vous évacuiez le public, mais pas nous les artistes.

Zap. – Nous sommes des gens du spectacle, vous savez.

H. – Il y a un spectacle sur le bateau ? Vous allez jouer sur le bateau ?

Zap. – Non.

Zip. – Mais oui, mais oui, c'est ça, nous avons des représentations prévues à bord pendant la traversée.

H. – Je ne savais pas qu'il y avait des spectacles à bord.

Zap. – Moi non plus.

Zip. – Mais si, voyons, le soir, nous donnons notre spectacle pour les passagers.

Zap. – Et ils rient.

H. – À bord ?

Zap. – Oui, à bord et à ras bord.

Zip et Zap rient, l'homme reste impassible.

H. – Je ne suis pas sûr que vous les fassiez beaucoup rire.

Zap. – Moi non plus.

Zip. – Nous essayons, c'est la grandeur de notre métier.

H. – Alors si vous faites partie de l'équipage, ça change tout.

Zap. – Ah ! tu vois, ça change tout !

H. – Vous auriez dû me le dire tout à l'heure.

Zap. – Tu aurais dû le dire à Monsieur tout à l'heure.

Zip. – Alors nous pouvons rester là ?

H. – Bien sûr que non.

Zip. – Alors ça ne change rien.

H. – Si, votre statut est différent.

Zap. – Nous allons avoir notre statue sur le port ?

Zip. – Mais tais-toi, tu embrouilles tout !

H. – La compagnie doit vous prendre en charge si vous faites partie de l'équipage.

Zip. – C'est comme qui dirait nous faisons partie de l'équipage.

H. – Dans un sens oui, pendant la durée de la traversée, même si vous restez au port. Le voyage aller-retour dure un mois. Pendant trente jours, la compagnie doit assurer votre subsistance.

Zap. – C'est bien la vie de compagnie, ça assure notre existence, c'est bien.

Zip, *à part, à Zap.* – Soyons prudents.

Zap. – Pourquoi ?

Zip. – Il y a peut-être un piège.

Zap. – Quel piège ?

Zip. – Ils vont nous nourrir, soit, mais à quel prix ?

Zap. – Mais c'est gratuit, c'est la compagnie qui offre pendant trente jours. Tu te rends compte ? Trente jours !

Zip. – Zap, c'est au prix de notre liberté.

Zap. – Notre liberté ?

Zip. – Notre liberté d'expression, notre liberté de création, notre liberté d'artiste, ce qui nous compose et nous permet de vivre. Sans liberté, plus d'art donc plus d'artistes.

Zap. – Sans manger, plus de Zip et Zap. Plus de spectacle.

Zip. – La liberté, c'est ce qu'ils n'ont pas, c'est pour ça qu'ils veulent nous la prendre.

Zap. – Pour en faire quoi ?

Zip. – Un slogan. Un slogan pour la compagnie. Un message publicitaire, si tu préfères : « Avec notre compagnie : la liberté ».

Zap. – Je ne comprends rien.

Zip. – Tu ne comprends jamais rien. Attends. Monsieur ?

H. – Oui ?

Zip. – Que devons-nous faire pour la compagnie ?

H. – Votre métier, tout simplement. Faire les saltimbanques, puisque vous êtes saltimbanques.

Zap. – Mais nous ne travaillons pas dans une banque. La banque, nous y porterons notre argent quand nous aurons fait fortune.

Zip. – Tais-toi, ne complique pas les choses. Donc nous faisons notre travail, et où ?

H. – Eh bien, ici, puisque le bateau est parti.

Zɪᴘ. – Ici, sur le quai ?

H. – Vous donnez votre représentation ici, chaque jour, pendant trente jours.

Zɪᴘ. – Devant qui, pour qui notre représentation ?

H. – Eh bien, devant la mer et pour moi.

Zᴀᴘ. – Vous ?

H. – Oui, moi.

Zᴀᴘ. – Vous aimez les clowns ?

H. – Non.

Zɪᴘ. – Alors ?

H. – Alors, chaque jour je vous fais une attestation de représentation, vous fournissez l'attestation à un représentant de la compagnie et avec ça la compagnie se charge de tout.

Zɪᴘ. – Mais qui est le représentant de la compagnie ?

H. – C'est moi.

Zɪᴘ. – Un instant : nous devons nous produire devant un public, nous exigeons un public.

Zᴀᴘ. – Oui, nous, les artistes, nous avons droit à un public.

H. – Le public c'est moi.

Zɪᴘ. – Mais ici c'est interdit au public, c'est ce que vous avez dit.

H. – Eh bien, nous ferons une exception exceptionnelle, parce que c'est vous, mais ne le dites pas, je pourrais avoir des ennuis.

Zap. – Nous allons donner un spectacle exceptionnel dans un lieu interdit au public.

Zip. – Pour exercer notre métier, nous devons nous exercer, nous devons répéter.

Zap. – Ah ! voilà que ça le reprend !

Zip. – Je ne veux personne pendant les répétitions, pas de spectateurs. Nous devons encore chercher nos personnages.

H. – Vous ne les avez pas emmenés avec vous ?

Zip. – Laissez-nous travailler !

H. – D'accord…

On entend la sirène d'un bateau.

Zap. – C'est le bateau, c'est lui, il revient !

Zip. – Oui, il va entrer au port.

Zap. – Vite, vite ! Ce coup-ci, il ne faut pas le rater.

Zip. – Nous ne le raterons pas cette fois, nous allons enfin embarquer.

Zap. – Ouh ! ouh ! du bateau ! Nous sommes là !

Zip. – Nous sommes prêts pour partir !

H. – Ce navire n'entrera pas au port, ce n'est pas celui que vous attendez.

Zip. – Comment le savez-vous ?

H. – Ce n'est pas la sirène du navire qui va de l'autre côté.

On entend la sirène.

Zap. – Mais si, mais si, c'est lui, et nous sommes sur le bon quai pour embarquer ! Nous ne sommes plus en retard !

Zip. – Ça y est, je le vois, il est à l'entrée du port.

Zap. – Il est beau, tout blanc avec une cheminée rouge. Qu'il est beau !

Zip. – Il revient de là-bas.

Zap. – Déjà ?

Zip. – Oui, il est déjà là. Mais que fait-il ? Il… il passe devant l'entrée. Il ne va pas s'arrêter.

Zap. – Ohé ! Nous sommes là ! Les passagers, c'est nous ! Regardez, nous avons nos valises, nous sommes les passagers !

Zip. – Il s'éloigne.

Zap. – Je ne vois plus la cheminée rouge.

Un temps.

H. – Je vous avais dit que ce n'était pas la bonne sirène.

Zip. – Mais qui êtes-vous ?

H. – Je suis le capitaine.

Zap. – Et où est votre équipe ?

H. – Je n'ai pas d'équipe, mais un équipage. Je suis le capitaine du bateau, du bateau qui va de l'autre côté.

Un terrible silence.

Zip. – Vous êtes le capitaine du bateau que nous attendons ?

H. – Oui…

ZIP. – Mais que faites-vous ici ?

H. – J'attends qu'il revienne…

ZIP. – Mais le capitaine est à bord quand le bateau est sur l'eau ! Il commande, il dirige les manœuvres, fait le point, dîne le soir avec les passagers de première classe ; il fait son métier de capitaine, quoi.

ZAP. – Et puis le capitaine il n'est pas comme vous, il a une veste avec plein de boutons dorés, des galons aux manches et puis il a la casquette, la casquette du capitaine.

H. – Mon costume est à bord, j'ai raté le départ de mon bateau.

ZIP. – Vous aussi…

H. – Moi aussi…

ZAP. – Vous n'arriviez pas à faire votre valise ?

H. – Ne posez pas de questions.

Il disparaît.

ZIP. – Bien ça alors, un capitaine sans casquette et qui rate le départ de son bateau ! On fait de drôles de rencontres sur ce quai.

ZAP. – La mer est redevenue vide, personne… Je me souviens un peu maintenant : l'été, à l'heure de la sieste, ils dorment tous, il fait chaud, les rues sont vides, je marche, je cherche quelqu'un, personne… Je voudrais être avec eux, ils ne veulent pas. Il faut l'appeler, maintenant.

ZIP. – Qui ?

Zap. – Le Toi-Puissant. Peut-être que maintenant il répondra.

Zip. – Pourquoi il me répondrait maintenant ?

Zap. – Il est peut-être réveillé.

Zip. – Il ne dort jamais.

Zap. – Lui non plus… Mais tout à l'heure, tu disais…

Zip. – C'était pour que tu le croies. S'il ne répond pas, c'est qu'il ne veut pas répondre, il ne veut pas NOUS répondre.

Zap. – Lui non plus il ne veut pas de nous.

Zip. – Il faut croire.

Zap. – Essaie encore une fois pour voir s'il entend.

Zip. – Si tu veux. *(Il recompose un très long numéro puis s'arrête.)* Je ne me souviens plus du numéro.

Zap. – Ça ne fait rien, fais un numéro au hasard.

Il recompose très vite un numéro au hasard.

Zip. – Ça sonne… Allô ! Bonjour. *(À Zap.)* C'est lui. *(Au téléphone.)* C'est nous, c'est Zip et Zap, monsieur l'Ange. Nous avons raté le bateau, deux fois, au départ et à l'arrivée… Le bateau avec la cheminée rouge… Mais c'était pas la bonne sirène, c'est le capitaine qui avait oublié sa casquette qui nous l'a dit. *(À Zap.)* Il trouve ça très drôle.

Zap. – Enfin un que nous faisons rire !

Zip, *au téléphone.* – Si, si, je vous assure. *(À Zap.)* Il rit. *(Au téléphone.)* Il faut faire quelque chose, monsieur le Toi-Puissant… Nous ne pouvons pas rester à quai, les mouettes nous regardent d'un sale œil depuis un moment. *(À Zap.)* Il rit toujours.

ZAP. – Il est bon public, l'Ange.

ZIP. – Il a raccroché.

ZAP. – Qu'est-ce qu'il a dit ?

ZIP. – « À tout à l'heure et ne vous inquiétez pas pour les mouettes. » Il ne nous prend pas au sérieux.

ZAP. – Si on ne prend plus les clowns au sérieux, alors…

ZIP. – Il croit que nous allons bientôt arriver, mais nous sommes toujours ici. Nous n'avançons pas. Toutes ces répétitions et nous n'avançons pas.

ZAP. – Lui, je sais qu'il nous fait confiance, l'Ange. Il croit en nous et nous croyons en lui.

ZIP. – Il ne s'agit pas de croire, mais d'avancer.

ZAP. – Si nous avançons, nous allons tomber dans l'eau.

ZIP. – Avancer dans notre métier, progresser dans notre art. Ne jamais se satisfaire de là où nous en sommes.

ZAP. – Moi, je suis bien avec toi.

ZIP. – Nous devons devenir les plus grands clowns du monde.

ZAP. – Nous n'avons pas à le devenir, nous le sommes déjà, mais personne ne le sait, sauf le Toi-Puissant. Lui, il le sait depuis toujours. C'est pour cela qu'il ne nous prend pas au sérieux quand il voit les efforts que tu fais.

ZIP. – Tu crois ?

Zap. – Oui.

Zip. – Non, il faut y aller pour être les plus grands clowns du monde.

Zap. – Restons là, nous sommes bien. Finalement, je commence à m'y attacher à ce quai. Je ne suis pas sûr de vouloir le quitter.

Zip. – Tu ne veux plus partir ?

Zap. – C'est toi qui veux toujours partir.

Zip. – Mais enfin, tous ceux qui nous attendent là-bas…

Zap. – Ils n'ont qu'à prendre le bateau et venir ici, nous jouerons pour eux.

Zip. – Zap, tu me déçois, tu me déçois beaucoup.

Zap. – Ne sois pas déçu. C'est vrai, après tout, pourquoi c'est nous qui devrions aller là-bas ?

Zip. – Parce que nous devons aller à la rencontre de notre public, de notre cher public, le voyage fait partie de la vie d'un artiste.

Zap. – Moi, c'est dans ma tête que je voyage. Et puis je ne suis pas un artiste, je suis un clown. Je suis un clown parce que sinon je ne sais pas qui je suis, je ne me souviens plus.

Zip. – Voilà que ça recommence ! Mais le cher public, il s'en fout de qui tu es, il veut que tu le fasses rire, le cher public, c'est tout.

Zap. – Mais il ne rit pas.

ZIP. – Un jour, ils riront et il faut être prêt pour ce jour-là, pour le jour où éclatera le rire, un rire énorme que l'on entendra partout et qui traversera la mer avec le vent pour annoncer notre triomphe au monde entier. La gloire nous attend et tu veux rester ici.

Zap sourit, s'approche lentement de Zip et dépose un baiser sur sa joue avec beaucoup de tendresse.

ZAP. – Vas-y, toi, tu en as tellement envie. Là-bas tu trouveras un autre clown pour jouer avec toi.

ZIP. – Je n'en veux pas d'autre que toi, Zap.

ZAP. – C'est gentil, mais c'est vrai que j'entrave ta carrière, avec un autre partenaire tu vas faire un malheur là-bas. Ils vont enfin découvrir le grand, le merveilleux, l'incroyable Zip qui fait rire les petits et les grands, les riches et les pauvres, les blonds et les roux, tous unis dans un même rire. Et ce rire c'est toi qui le feras naître, toi Zip, pas moi.

ZIP. – Mais c'est avec toi que je veux triompher, nous triompherons ensemble après toutes ces années de répétitions.

ZAP. – Je ne suis pas sûr de vouloir.

ZIP. – Moi je veux pour toi, je veux voir nos noms sur les affiches éclairées :

ZIP / ZAP

ZIP / ZAP

ZAP / ZIP

ZIP / ZIP / ZIP / ZIP / ZIP…

Zap. – Si je reste longtemps ici je me souviendrai d'avant. Alors je te rejoindrai et je serai prêt à les faire rire avec toi. Mais pas maintenant, après. Pars sans moi, Zip, il vaut mieux. Avec moi, tu n'y arriveras pas. Tu m'écriras et tu me raconteras tout, comme si j'étais à tes côtés. Je t'imaginerai chaque soir entrant en piste et je serai heureux. Le vent de la mer m'apportera le rire et les applaudissements, beaucoup de rires et beaucoup d'applaudissements. *(Un silence.)* Va au nouveau port, il doit y avoir un autre bateau pour là-bas.

Zip. – Bon, alors j'y vais. Tu es sûr que tu ne viens pas ?

Zap. – Oui.

Zip. – Alors au revoir, Zap.

Zap. – Au revoir, Zip.

Zip prend sa valise et quitte lentement le plateau. Il a oublié son téléphone qui au bout d'un moment se met à sonner. Zap décroche. On entend une voix.

La voix. – Où êtes-vous ? Je vous attends. Où êtes-vous ? Ici, nous vous attendons tous.

Zap sourit, éteint le téléphone.
Il ouvre sa valise et sort la maquette d'un paquebot blanc avec une cheminée rouge.
Il joue doucement avec le petit bateau.
On entend à nouveau le cri des mouettes et le bruit des vagues.
La lumière s'éteint lentement.

ZAP. – Zip !

ZIP. – Zap !

Ils s'embrassent.

ZAP. – Depuis que tu es parti, le bateau est revenu trois fois.

ZIP. – Tu ne l'as pas pris ?

ZAP. – Non, j'ai beaucoup pensé à toi.

ZIP. – Moi aussi j'ai pensé à toi. Chaque soir, je pensais à toi…

ZAP. – Avant d'entrer en piste.

ZIP. – Oui… avant de commencer.

ZAP. – Et ça te soutenait.

ZIP. – Beaucoup.

ZAP. – Alors là-bas tu as tout vu : les belles robes, les cnfants…

ZIP. – Tout, j'ai tout vu et ils m'ont vu.

ZAP. – Tu n'as pas eu peur ?

Zip. – Si, j'ai eu peur, chaque fois j'ai eu peur, alors je pensais à toi.

Zap. – Et la musique… car il y avait de la musique !

Zip. – Oui, il y en avait.

Zap. – Et c'était beau !

Zip. – Oui, très beau.

Zap. – Et tu as rencontré le Toi-Puissant.

Zip. – Bien sûr.

Zap. – Il habite une maison blanche sur une colline qui domine la ville, de là on voit la mer… entre les grands arbres. Et il t'a trouvé un partenaire ?

Zip. – Une jeune fille maigre avec de grands yeux noirs qui parle une langue que je ne comprends pas. Elle porte une robe toute blanche, lorsqu'elle glisse sur la banane on croirait qu'elle s'envole et elle me sourit avec beaucoup de douceur.

Zap. – Elle est très jolie dans sa robe blanche et les enfants l'aiment beaucoup.

Zip. – Oui, beaucoup. Dans sa robe blanche, elle avait un regard triste… Mais c'est fini, nous revoici ensemble.

Zap. – Oui, tous les deux, rien que tous les deux. C'est pour cela que tu es revenu.

Zip. – Parce que je savais que tu ne trouverais pas. Tu ne trouverais pas qui tu étais avant et que tu resterais ici.

Zap. – Je crois qu'avant j'ai été une grande personne. Comme les grandes personnes, je ne rêvais plus et je ne souriais pas.

Chaque jour je marchais sur de grands trottoirs et tout était gris. Maintenant je ne marche plus.

Zip. – Tu attends ?

Zap. – Non, je n'attends rien. Et toi, Zip ?

Zip. – Maintenant ça va, je suis revenu, j'en suis revenu et…

Zap. – Et… ?

Zip. – Je ne sais pas par où commencer pour tout te raconter.

Zap. – Commence par le début, cela fera une belle fin.

Le téléphone sonne. Zap décroche. On entend une voix.

La voix. – Vous ne vous êtes pas présenté ce matin au poste 21 pour le déchargement du container en vrac. Pourquoi ne vous êtes-vous pas présenté ? Le chef de quai comptait sur vous pour déballer les sacs. Nous comptions tous sur vous. Vous étiez dans l'équipe 11, celle avec laquelle vous travaillez habituellement. Il faut nous prévenir en cas de problème. Nous comptons sur vous. Prévenez-nous en cas de problème.

Zap. – Tu as eu un problème, Zip ? Tu n'es pas allé travailler au déchargement ce matin.

Zip. – Non, ce matin je n'y suis pas allé et je n'irai plus, là-bas je n'irai plus.

Zap.   Qu'est-ce que tu faisais là-bas ?

Zip. – Je suivais le plan.

Zap. – Quel plan ?

Zip. – Le plan de palettisation : quatre sacs par couche, cinq couches par palette. Quatre sacs par couche, cinq couches par palette… Quatre sacs par couche, cinq couches par palette… Quatre sacs par couche, cinq couches par palette…

Zap. – En quoi tu parles, Zip ? Je ne te comprends plus, tu ne parles pas en langage de clowns. En langage de clowns je te comprends, tout le monde te comprend.

Zip. – Quatre sacs par couche, cinq couches par palette. Cinq sacs, quatre palettes, deux containers, quatre couches…

Zap. – Zip, arrête ! C'est fini, maintenant je vais rester avec toi et nous allons reprendre les répétitions.

Zip. – Oui, reprenons les répétitions.

Zap. – Il faut que je travaille encore un peu ma chute.

Zip. – Oui, c'est ça, encore un peu ta chute.

Ils répètent en mimant le jet de la banane et la chute, plusieurs fois jusqu'à ce que le rideau tombe lui aussi.

FIN

AVIS IMPORTANT

Cette pièce de théâtre fait partie du répertoire de la Société des Auteurs et Compositeurs Dramatiques, 11 bis rue Ballu 75442 PARIS Cedex 09. Tél. : 01 40 23 44 44. Elle ne peut donc être jouée sans l'autorisation de cette société.

Nous conseillons d'en faire la demande avant de commencer les répétitions.

Imprimé à la demande par Books On Demand GmbH, Bad Hersfeld, Allemagne

1re édition, dépôt légal : juin 2014
N° d'édition : 201437
ISBN : 978-2-84422-957-1